Hans-Jürgen Kratz

30 Minuten für richtiges Feedback

Bibliografische Information Der Deutschen Bibliothek

Die Deutsche Bibliothek verzeichnet diese Publikation in der Deutschen Nationalbibliografie; detaillierte bibliografische Daten sind im Internet über http://dnb.ddb.de abrufbar.

Wird empfohlen von

N24

Umschlag und Layout: die imprimatur, Hainburg
Lektorat: Diethild Bansleben, Offenbach
Satz: Wegner-Repke Typographie & Design, Offenbach
Druck und Verarbeitung: Salzland Druck, Staßfurt

2. Auflage 2008

Hinweis:
Das Buch ist sorgfältig erarbeitet worden. Dennoch erfolgen alle Angaben ohne Gewähr. Weder Autor noch Verlag können für eventuelle Nachteile oder Schäden, die aus den im Buch gemachten Hinweisen resultieren, eine Haftung übernehmen.

Printed in Germany

ISBN 978-3-89749-514-2

Abonnieren Sie unseren Newsletter unter:
www.gabal-verlag.de

In 30 Minuten wissen Sie mehr!

Dieses Buch ist so konzipiert, dass Sie in kurzer Zeit prägnante und fundierte Informationen aufnehmen können. Mit Hilfe eines Leitsystems werden Sie durch das Buch geführt. Es erlaubt Ihnen, innerhalb Ihres persönlichen Zeitkontingents (von 10 bis 30 Minuten) das Wesentliche zu erfassen.

Kurze Lesezeit
In 30 Minuten können Sie das ganze Buch lesen. Wenn Sie weniger Zeit haben, lesen Sie gezielt nur die Stellen, die für Sie wichtige Informationen beinhalten.

- Alle wichtigen Informationen sind blau gedruckt.

- Schlüsselfragen mit Seitenverweisen zu Beginn eines jeden Kapitels erlauben eine schnelle Orientierung: Sie blättern direkt auf die Seite, die Ihre Wissenslücke schließt.

- *Zahlreiche Zusammenfassungen innerhalb der Kapitel erlauben das schnelle Querlesen. Sie sind blau gedruckt und zusätzlich durch ein Uhrsymbol gekennzeichnet, so dass sie leicht zu finden sind.*

- Ein Register erleichtert das Nachschlagen.

Inhalt

Vorwort

Dieses Buch bezieht sich vorrangig auf das Verhältnis Vorgesetzter – Mitarbeiter. Es wendet sich hauptsächlich an Vorgesetzte, die ihr Kommunikationsverhalten verbessern wollen. Selbstverständlich jedoch lassen sich die nützlichen Denkanstöße und erfolgversprechenden Handlungsalternativen sinngemäß auf alle übrigen Lebensbereiche übertragen.

Als Führungskraft füllen Sie den Großteil Ihrer Arbeitszeit mit Gesprächen, Verhandlungen, Diskussionen, Besprechungen – kurzum: Die Kommunikation mit unterschiedlich auftretenden Menschen ist Routine für Sie. Dennoch fragen Sie sich, ob Sie Ihr Kommunikationsverhalten verbessern können und welche bisher gemachten Fehler korrigiert werden sollten.

Untersuchungen brachten es an den Tag: Die von Mitarbeitern als „gute Vorgesetzte“ eingestuften Führungskräfte können zugleich gut kommunizieren. Mit der von ihnen praktizierten Kultur, den Mitarbeitern Feedback zu geben, schaffen diese Vorgesetzten die Voraussetzungen für den Erwerb von Vertrauen und geben gleichzeitig Vertrauen und Unterstützung weiter.
Mit Hilfe der Stellschraube „Feedback“ kann sich das Erfolgspotenzial von Mitarbeitern und Vorgesetzten entfalten und weiterentwickeln, so dass alle Betriebsangehörigen ihre Ressourcen bestmöglich für die betriebliche Aufgabenerledigung einsetzen.

Dieses Buch gibt Ihnen wertvolle Tipps zur Verbesserung Ihres Kommunikationsverhaltens, so dass Sie künftig noch erfolgreicher mit Ihren Mitarbeitern sprechen können und diese Sie auch als „guten Vorgesetzten" einordnen.

Sollten Sie nach dieser Lektüre erkennen, dass Sie bereits alle Ratschläge beherzigen, dann können Sie sich bestätigt fühlen und sich darüber freuen, schon seit längerem auf dem richtigen Weg zu sein.

Hans-Jürgen Kratz
www.personaltraining-kratz.de

1. Feedback – weshalb?

In vier Punkten erörtern wir, weshalb für uns Feedback von großer Bedeutung ist:

1.1 Feedback vermindert die Gefahr des Missverstehens und Nichtverstandenwerdens

Analysieren wir zunächst die gebräuchlichste Kommunikationsform, das Gespräch von Angesicht zu Angesicht. Hier wird deutlich, wie groß die Gefahr des Missverstehens und des Nichtverstandenwerdens ist.

Bei einem Gespräch handelt es sich um eine Sender-Empfänger-Beziehung. Der Sprechende als Sender übermittelt dem Empfänger seine Gedanken und Gefühle. Anschließend wird der Empfänger zum Sender, der bisherige Sender zum Empfänger. Dieser Kommunikationsprozess lässt sich detailliert wie folgt darstellen:

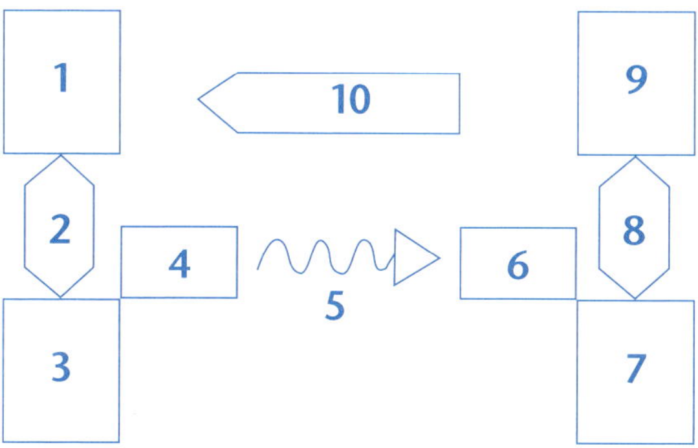

Erläuterungen:
Der Sender (1) will einem Empfänger (9) eine Nachricht (3) übermitteln. Abhängig davon, in welcher Beziehung (2) der Sender zu der Nachricht steht, bringt er sie auf den Weg. Lehnt der Sender die Nachricht ab, gibt er sie auf eine andere Art und Weise weiter als im Falle einer völligen Übereinstimmung mit dem Weltbild des Senders. Der Sender bedient sich geeigneter Sendegeräte (4) (= Sprechwerkzeuge, Körpersprache, Gestik, Mimik). Ferner wählt er den zweckmäßigsten Kanal oder Übertragungsweg (5) aus, im Gespräch den audiovisuellen Kanal. Die Botschaft trifft besser und originalgetreuer beim Empfänger ein, wenn dessen Empfangsgeräte (6) auf den Sender eingestellt sind und zwischen dem Empfänger und dem Sender eine positive Beziehung besteht. Der Empfänger interpretiert die aufgenommene Botschaft (7): Er ergänzt und strukturiert sie nach eigenen Erfahrungen, Einstellungen, Motiven und Interessen, macht sie kompatibel zu seiner „persönlichen Software". Abhängig von der Beziehung des Empfängers zur Nachricht (8) fällt diese entweder auf fruchtbaren Boden und kommt relativ unverfälscht an, oder es springt sogleich ein Auswahlmechanismus an, über den nur ein der Interessenlage des Empfängers entsprechender Teil der Botschaft aufgenommen wird. Die Abweichung von Gemeintem zum Verstandenen können wir durch Feedback (10) reduzieren.

Zumeist nimmt der Sender an, dass seine Botschaft den Empfänger in vollem Umfang erreicht. Dies ist nicht selbstverständlich. Störfaktoren wie Fremdwörter, Fachausdrücke, unterschiedlicher Wortschatz, unterschiedliches Bildungsniveau, zu schnelles oder zu undeutliches Sprechen, Konzentrationsmängel oder

Lärmeinwirkung können dazu führen, dass ein Teil der zu übermittelnden Information den Gesprächspartner gar nicht erreicht.

Daneben wird die Informationsübertragung häufig durch ein „Rauschen“ beeinträchtigt. „Rauschen“ bedeutet: Beim Empfänger der Nachricht kommen andere Informationen an, als vom Sender abgingen. Durch Übermittlungs- und Empfangsstörungen wie Hörfehler, eigene Interpretationen oder eigene Ergänzungen glaubt der Empfänger eine Information erhalten zu haben, die der Sender aber so gar nicht abgegeben hat. Dass die Kommunikation dadurch empfindlich gestört werden kann, liegt auf der Hand.

Wissenschaftlich ist gesichert, dass das hundertprozentige Verstehen von Mensch zu Mensch unmöglich ist.

Eine von Prof. Neuberger entwickelte Übung erhärtet diese Erkenntnis. Lesen Sie bitte den folgenden Sachverhalt mehrfach durch und prägen Sie sich den Inhalt ein. Erst danach blättern Sie um und beantworten Sie aus dem Gedächtnis die dort aufgeführten Fragen.

> Ein Vorgesetzter hatte einen Mitarbeiter nicht zur Gehaltserhöhung vorgeschlagen. Der Mitarbeiter reichte seine Kündigung ein. Das wurde von den Kollegen bedauert, denn er war allgemein beliebt. Es wurde darüber diskutiert, ob man etwas unternehmen solle.

	richtig	falsch	fraglich
1. Der Vorgesetzte hatte dem Mitarbeiter eine Gehaltserhöhung verweigert.	☐	☐	☐
2. Der Mitarbeiter hatte keine Gehaltserhöhung erhalten.	☐	☐	☐
3. Der Mitarbeiter war darüber verärgert und kündigte.	☐	☐	☐
4. Der Kündigungsgrund war die nicht gewährte Gehaltserhöhung.	☐	☐	☐
5. Der Vorgesetzte hatte zwar die Gehaltserhöhung vorgeschlagen, sie war aber abgelehnt worden.	☐	☐	☐
6. Der Weggang des Mitarbeiters wurde von den Kollegen bedauert.	☐	☐	☐
7. Die Kollegen diskutierten, ob man gegen das Vorgehen des Vorgesetzten etwas unternehmen solle.	☐	☐	☐
8. Die Kollegen unterhielten sich mit dem Mitarbeiter	☐	☐	☐
9. Der Vorgesetzte war an der Diskussion der Kollegen nicht beteiligt.	☐	☐	☐
10. Es handelt sich um einen erfahrenen und beliebten Mitarbeiter.	☐	☐	☐

11. Der Vorgesetzte kündigte dem Mitarbeiter.	☐	☐	☐
12. Die Kollegen bedauerten, dass der Mitarbeiter keine Gehaltserhöhung bekommen hatte.	☐	☐	☐
13. Der Mitarbeiter war allgemein beliebt, und es wurde diskutiert, ob man etwas unternehmen solle.	☐	☐	☐

Vergleichen Sie nun mit der Lösung auf Seite 76.

Nach unserer Übung haben Sie erkannt, dass die zwischenmenschliche Kommunikation ein komplizierter und störanfälliger Prozess ist. Demzufolge dürfen wir weder erwarten, von unseren Kommunikationspartnern in jedem Fall richtig verstanden zu werden, noch glauben, wir verstünden unsere Kommunikationspartner immer richtig. Wir müssen sogar damit rechnen, dass wir das Nichtverstehen noch nicht einmal bemerken, so dass Missverständnisse auftreten, die häufig Ursachen von Spannungen und Konfliktsituationen sind. Wie oft haben wir schon erlebt, dass zwei Personen am Ende eines langen Disputs erstaunt feststellten, dass sie eigentlich von Anfang an der gleichen Meinung waren – und dass ein Missverständnis der Auslöser für eine hitzige Auseinandersetzung war.
Sollen wir uns nach diesen Erkenntnissen mit ständigem Missverstehen und Nichtverstandenwerden abfinden?

Gewiss nicht! Die Abweichung vom Gemeinten zum Verstandenen reduzieren wir durch Feedback:

a) Als Nachrichtenempfänger fragen wir nach:
   - „Kann ich davon ausgehen ...?“
   - „Wenn ich Sie richtig verstanden habe ...?“
   - „Es geht Ihnen also darum, dass ...?“
   - „Ihrer Meinung nach ist also ...?“
   - „Darf ich einmal Ihre interessanten Aussagen zusammenfassen?“
b) Als Nachrichtensender lassen wir uns eine Nachricht wiederholen:
   - „Bitte fassen Sie die wichtigsten Punkte zusammen.“
   - „Könnten wir zum Abschluss noch einmal zusammen durchgehen, was wir heute festgelegt haben?“
   - „Um Missverständnisse zu vermeiden, stellen Sie bitte kurz dar, wie Sie das Projekt anpacken werden.“
   - „Ich hoffe, ich habe nichts vergessen. Können Sie es noch einmal wiederholen, damit wir sicher sein können?“

Halten Sie es für erforderlich, bestehen Sie auf einer Wiederholung. Kommuniziert ein Pilot mit dem Tower, erteilt ein Offizier einem Unteroffizier einen Befehl oder gibt der Kapitän eines Containerriesen Weisungen an seinen Rudergänger, gehört es zu den Selbstverständlichkeiten, dass der Informationsempfänger das Gehörte wiederholt. Hier könnten Missverständnisse fatale Folgen haben. Im Betrieb führen Missverständnisse zu einem unnötigen Kosten- und Energieaufwand.

Es liegt in der Natur menschlicher Kommunikation, dass Störfaktoren das Verstehen und Verstandenwerden beeinträchtigen. Erkennen wir die Gefahr des Missverstehens oder des Nichtverstandenwerdens, fragen wir als Nachrichtenempfänger nach bzw. lassen wir uns als Nachrichtensender die Information wiederholen.

1.2 Feedback zeigt Differenzen zwischen Selbst- und Fremdbild auf

Oft wissen wir gar nicht genau, welche Vorstellungen andere Menschen von uns haben, und schätzen deshalb eine Situation unzutreffend ein. In diesen Fällen ist Feedback für uns von Nutzen, weil es uns hilft, unsere Wirkung auf andere zu verstehen.
Verdeutlichen wir die Problematik mit einem bekannten Denkmodell: dem Johari-Fenster (genannt nach den Sozialwissenschaftlern Joe Luft und Harry Ingham):

Aussagen über mein Verhalten	mir bekannt	mir unbekannt
anderen bekannt	Freier Raum (was allen bekannt) (Flügel A)	Blinder Fleck (anderen bekannt, nur mir nicht) (Flügel B)
allen unbekannt	für die anderen verborgen oder vermieden (Flügel C)	allen unbekannt (unbewusst) (Flügel D)

Die Abbildung zeigt, dass sich unsere zwischenmenschlichen Beziehungen in einem Rahmen abspielen, den man als Fenster mit vier Flügeln bezeichnen kann.

Der **Flügel A** ist der Teil unseres Selbst, der uns und den anderen bekannt ist, der Bereich des freien Handelns. Hier sind auch Fakten zu finden, die wir von uns selbst anderen mitgeteilt haben.

Der **Flügel B** ist der „Blinde Fleck". Es ist der Teil unseres Selbst, der den anderen, aber nicht uns selbst bekannt ist. Das können unbewusste Gewohnheiten, Zuneigungen und Vorurteile sein. Hierüber sprechen Mitarbeiter häufig bei unserer Abwesenheit. Zum Beispiel über unsere Angewohnheit, andere häufig zu unterbrechen, über unseren autoritären Führungsstil oder gar über unsere Ungerechtigkeit. Oft sind wir überrascht, wenn uns andere über eine unserer persönlichen Eigenheiten die Augen öffnen, die wir selbst noch nicht entdeckt haben.

Hierzu ein Beispiel:

Ein Dozent glaubt, seine Seminarteilnehmer halten ihn für	Die Seminarteilnehmer erleben ihren Dozenten aber als
hilfsbereit	aufdringlich
genau	kleinkariert
gerecht	herzlos
freundlich	anbiedernd/einschleimend
rhetorisch überzeugend	rechthaberisch/oberlehrerhaft

Für den Dozenten wäre Feedback sehr von Nutzen. Es würde ihm helfen, seine Wirkung auf die Seminarteilnehmer zu verstehen. Denn ohne Feedback würde er weiterhin, ohne dabei ein schlechtes Gefühl zu haben, Verhaltensweisen an den Tag legen, die seinen Teilnehmern „sauer aufstoßen" und Ressentiments entstehen lassen, die schließlich den Seminarerfolg gefährden würden.

Der **Flügel C** ist der Bereich unseres Denkens und Handelns, den wir bewusst vor anderen verbergen – unsere heimlichen Wünsche, aber auch Ideen und Reaktionsweisen, die nicht oder noch nicht öffentlich werden sollen.

Der **Flügel D** ist der Bereich des Unbewussten. Er ist weder uns noch anderen zugänglich. Licht in das Unbewusste zu bringen, ist über einen therapeutischen Prozess möglich.

Für unser Thema ist der Bereich des „Blinden Flecks" besonders wichtig.

Wenn sich Gesprächspartner noch nicht gut kennen oder aufgrund Misstrauens (in unserer Industriekultur sind wir programmiert, uns fremden Menschen und Gruppen gegenüber zunächst reserviert zu verhalten) oder wegen etwas anderem ungenügende kommunikative Beziehungen pflegen, so ist der „Blinde Fleck" besonders groß und der Bereich des freien Handelns (Flügel A) wird eingeschränkt.

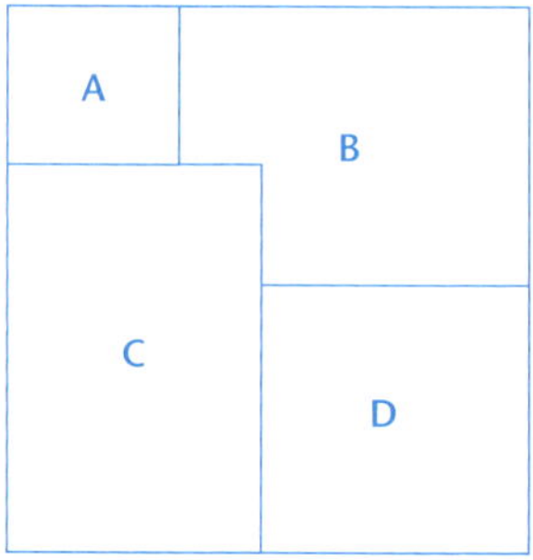

Durch Feedback besteht die Chance, dass die Flügel B und C kleiner werden. Damit wird der Flügel A entsprechend größer. So könnten zwischenmenschliche Störungen eher abgebaut und die Konfliktanfälligkeit in der betrieblichen Kommunikationslandschaft gesenkt werden.

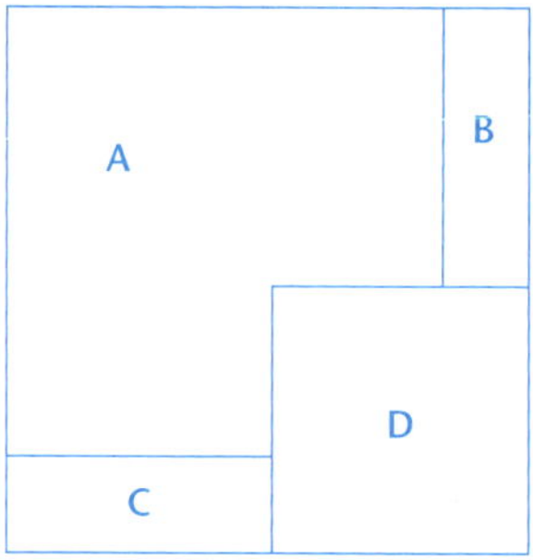

Das gegebene Feedback sollte einen wechselseitigen Prozess zwischen dem Vorgesetzten und dem Mitarbeiter darstellen. Da beide Partner Teile ihrer Privatsphäre preisgeben, käme es zu einer offenen Kommunikation, zu einem Geben und Nehmen, also zu einem Vorteil auf beiden Seiten, der im Interesse aller Beteiligten liegt.

Ihr Persönlichkeitsprofil kann Ihnen interessante Erkenntnisse vermitteln.

Sie erhalten ein aufschlussreiches Feedback, wenn Sie Verwandte, Freunde oder Kollegen bitten, ein Persönlichkeitsprofil (evtl. in anonymer Form) von Ihnen aufzustellen. Dafür kann Ihnen die Liste mit Persönlichkeitsmerkmalen auf Seite 20 als Anhalt dienen.

Dort werden Ihre Eigenschaften in der jeweiligen Ausprägung angekreuzt. Verbinden Sie anschließend alle Kreuze auf der Liste, erhalten Sie einen Eindruck, welches Bild der Partner von Ihnen hat. Es ist günstig, mehrere Fremdeinschätzungen einzuholen, um die Ergebnisse zu einem Gesamtprofil zu verdichten.

Schätzen Sie vorweg die Ausprägung der 20 verschiedenen Eigenschaftspaare bei sich selbst ein. Bleiben Sie bei der Ermittlung Ihres Selbstbildes aber bitte unbedingt ehrlich!

Interessant ist es nun, wenn Sie das Ausmaß an Abweichungen zwischen Selbst- und Fremdbild ermitteln. Der Abgleich Ihres Selbstbildes mit den von Ihren Bezugspersonen getroffenen Einschätzungen wird Sie vielleicht überraschen: Sie werden nämlich erkennen, dass die Ergebnisse nicht identisch sind, sondern teilweise erheblich auseinander klaffen.

Auch die von mehreren Personen abgegebene Einschätzung Ihrer Person wird Unterschiede aufweisen, weil jeder einen ganz anderen Teil von Ihnen besonders intensiv wahrnimmt. Je größer sich die Abweichungen darstellen, umso mehr sollten Sie sich bemühen, sich realistischer zu sehen und hieraus Konsequenzen in Ihrem Verhalten zu ziehen.

Persönlichkeitsmerkmale

	sehr	etwas	weder noch	etwas	sehr	
agressiv						friedlich
autoritär						kooperativ
dynamisch						träge
entspannt						verkrampft
erfolgreich						erfolglos
fähig						unfähig
fröhlich						traurig
gefühlsmäßig						verstandsbetont
gesprächig						schweigsam
kontaktfreudig						zurückhaltend
oberflächlich						sorgfältig
offen						verschlossen
realistisch						unrealistisch
selbstsüchtig						hilfsbereit
sicher						unsicher
stark						schwach
überlegen						unterlegen
unberechenbar						berechenbar
weich						hart
zuverlässig						unzuverlässig

Da Selbstbild (Flügel A und C) und Fremdbild (Flügel A und B) nicht deckungsgleich sind, entstehen immer wieder Missverständnisse, die zu herben Enttäuschungen führen. Im Extremfall ordnen wir Reaktionen von Mitmenschen auf unser Verhalten gar als

Bösartigkeiten ein oder unterstellen unserem Gegenüber Dummheit. Feedback erlaubt uns, eigenes Verhalten durch die spezielle Brille unseres Partners zu betrachten, dessen Reaktionen besser zu verstehen sowie eigenes Verhalten auf den Prüfstand zu stellen.

1.3 Feedback ist eine soziale Dienstleistung bei persönlichen Problemen von Mitarbeitern

Persönliche Probleme sind schlechte Wegbegleiter im Berufsleben. Wir können sie morgens nicht vor dem Firmeneingang deponieren, genau wie sich betriebliche Probleme nicht aus unserer Freizeit verbannen lassen. Gravierende private Probleme können unsere Leistungsfähigkeit erheblich einschränken und über Konzentrationsprobleme und Fehlerhäufigkeit zu einer Senkung der Arbeitsqualität und Verringerung des Arbeitsvolumens führen.

Da jeder Mensch eine angeborene Fähigkeit und Anlage zu Selbstlenkung und Selbstregulierung besitzt, ist es Ziel des Gesprächs, dem mit einem Problem belasteten Gesprächspartner Handlungs- und Entscheidungsalternativen zugänglich zu machen, ohne ihm vorzuschreiben, was er zu tun oder zu lassen hat. Es wird hiernach Hilfe zur Selbsthilfe zur Förderung des individuellen Entscheidungsprozesses geleistet.

Das setzt allerdings bei uns eine bestimmte Grundeinstellung voraus: Im Innern müssen wir dem Partner gegenüber aufgeschlossen und zugeneigt sein, ihm eine positive Wertschätzung entgegenbringen und ihn in seiner Persönlichkeit akzeptieren (Empathie).

Durch ein non-direktives Feedback (siehe Seite 36) wird dem Gesprächspartner ermöglicht, vertrauensvoll über seine Probleme zu sprechen. Damit ist häufig bereits der erste Schritt zur Lösung des Problems getan.

Persönliche Probleme von Mitarbeitern können wir nur selten für ihn lösen. Mit Hilfe unseres verständnisvollen Feedbacks fällt es dem Mitarbeiter leichter, über seine Schwierigkeiten zu reden und so zu einer Situationsverbesserung zu gelangen.

1.4 Feedback hilft, Schwächen abzubauen und Stärken auszubauen

Mit Feedback in Form von Kritik (siehe Seite 46)

- können Sie Leistungen oder Verhalten Ihrer Mitarbeiter korrigieren,
- werden künftig Fehler vermieden, womit das Selbstvertrauen Ihrer Mitarbeiter gestärkt wird,
- ermöglichen Sie Ihren Mitarbeitern eine sachlich begründete Selbstbeurteilung und
- entwickeln und fördern Sie Ihre Mitarbeiter.

Mit Feedback in Form von Anerkennung (siehe Seite 56)

- steigern Sie das Selbstwertgefühl Ihrer Mitarbeiter und vermitteln ihnen ein Erfolgserlebnis,

- erhöhen Sie die Zufriedenheit der Mitarbeiter mit dem eigenen Arbeitsbereich,
- ermutigen Sie Ihre Mitarbeiter zu weiteren anerkennenswerten Leistungen,
- wecken Sie in Ihren Mitarbeitern schlummernde Kräfte, die weitere Leistungssteigerungen bewirken, und
- vermindern Sie die Fluktuationsbereitschaft.

Ihr Feedback in Form der **Beurteilung** von Mitarbeitern (siehe Seite 68) weist bei richtiger Durchführung die Vorzüge der Führungsmittel Kritik und Anerkennung auf. Denn in der Beurteilung wird lediglich ein Resümee aus den im Beurteilungszeitraum gegebenen kritischen und anerkennenden Äußerungen gezogen.

Stärken und Schwächen des Vorgesetzten werden offenkundig, wenn das Unternehmen eine **Beurteilung der Vorgesetzten** initiiert (siehe Seite 73).

Feedback ermöglicht uns, Gesprächssituationen erfolgreicher zu bestehen und persönliche und betriebliche Ziele mit geringerem Energieaufwand zu erreichen.
Kommunikationsstörungen werden früher erkannt und durch eine vertrauensvolle Gesprächsführung ersetzt.
Je intensiver Feedback unseren „Blinden Fleck" aufhellt, umso eher können wir unsere Schwachpunkte eliminieren und unsere Stärken ausbauen.

2. Feedback-Tools

Nachdem uns die wesentlichen Bedeutungen von Feedback (das „Warum?“) bewusst sind, akzeptieren wir eher verschiedene Feedback-Instrumente (das „Wie?“) für unsere Interventionen.

2.1 Einfaches Feedback

Die einfachste aber dennoch keinesfalls zu unterschätzende Form des Feedbacks ist das aktive Zuhören. Dessen Wichtigkeit stellt Wilhelm Busch heraus:

Klug zu reden ist oft schwer,
klug zu schweigen noch viel mehr.

Dieses „kluge Schweigen“ scheint nicht zu den Stärken vieler Mitmenschen zu zählen. Sie halten Monologe, stellen sich beeindruckend dar und schränken damit ihre Einwirkungsmöglichkeiten auf ihre Umgebung ein. Auch wird immer wieder ein missachtendes Feedback gezeigt, welches das Zusammenleben und -arbeiten unnötig erschwert: Während des Gesprächs werden Unterschriften geleistet, Post durchgesehen, Kritzeleien zu Papier gebracht, Akten gestapelt und durchgeblättert usw.

Wie ist es um Ihre Fähigkeit des Zuhören-Könnens bestellt? Rechnen Sie sich eher zu den schlechten, durchschnittlichen oder hervorragenden Zuhörern?

Unterziehen Sie sich einem kleinen von Dr. Steil (Leiter der Abteilung „Sprachliche Kommunikation“ der

Fakultät für Rhetorik an der Universität von Minnesota, USA) entwickelten Test, der Licht ins Dunkel bringen wird. Kreuzen Sie Ihre ehrlichen und selbstkritischen Wertungen zu folgenden Fragen an. Die danach ermittelte Gesamtpunktzahl spiegelt Ihre Zuhörkompetenz wider.

	fast immer	meistens	manchmal	selten	fast nie
1. Halten Sie das Thema für uninteressant?	☐	☐	☐	☐	☐
2. Stören Sie sich an der Vortragsweise oder an gewissen Eigenheiten des Gesprächspartners?	☐	☐	☐	☐	☐
3. Lassen Sie sich durch den Vortrag leicht provozieren?	☐	☐	☐	☐	☐
4. Achten Sie beim Zuhören hauptsächlich auf Fakten?	☐	☐	☐	☐	☐
5. Versuchen Sie, alles zusammenzufassen, zu vereinfachen?	☐	☐	☐	☐	☐
6. Täuschen Sie gegenüber dem Gesprächspartner Aufmerksamkeit vor?	☐	☐	☐	☐	☐
7. Lassen Sie sich ablenken?	☐	☐	☐	☐	☐
8. Schalten Sie bei schwierigen Themen ab?	☐	☐	☐	☐	☐
9. Lösen emotionsgeladene Wörter bei Ihnen Widerstände aus?	☐	☐	☐	☐	☐
10. Ihre Gedanken sind schneller als das gesprochene Wort – nutzen Sie diesen Zeitgewinn zum Tagträumen?	☐	☐	☐	☐	☐

Für jedes „fast immer" geben Sie sich 2 Punkte, für jedes „meistens" 4 Punkte, für jedes „manchmal" 6 Punkte, für jedes „selten" 8 Punkte und für jedes „fast nie" 10 Punkte. (Auswertung: siehe Seite 77)

Das Zuhören muss der Sprechende erkennen können. Er muss wissen, ob seine Aussagen ankommen, ob er von seinem Partner verstanden oder ihm geglaubt wird, weil er darauf seine folgenden Äußerungen aufbaut. Schweigen allein genügt also nicht. Deshalb wandeln wir das Sprichwort „Reden ist Silber – Schweigen ist Gold" um in

Reden ist Silber – Zuhören ist Gold!

Welche Verhaltensweisen zeichnen aktives Zuhören aus?

Geben Sie anteilnehmende Bemerkungen von sich!
Mit „nichts sagenden Gesprächsfloskeln" oder „neutralen Aufmerksamkeitsreaktionen" wie Hm, So?, Aha!, Wirklich? Erstaunlich!, Kaum zu glauben!, Interessant!, Sieh einer an! bekunden Sie Ihre Anteilnahme an den Ausführungen Ihres Gesprächspartners.

Unterbrechen Sie nicht!
Nur vorlaute Menschen unterbrechen den Gesprächspartner, um die eigenen Aussagen schnell loszuwerden. Lassen wir den Partner ausreden, wird uns dieser anschließend auch bereitwillig zuhören. Unterbrechen wir ihn aber, bleibt immer etwas Unzufriedenheit in ihm zurück. Diese Unzufriedenheit ist ein Störfaktor für

das weitere Gespräch. Dem Gesprächspartner fehlt die innere Ruhe, da er stets einen halben Gedanken darauf verwendet, den unausgesprochenen Rest seiner Aussagen möglichst nicht zu vergessen. Folglich hört er nicht mehr zu, das Gespräch verliert an Substanz.

Vom Gesprächspartner selbst eingestreute kurze Pausen, die er für die Formulierung seiner nächsten Aussage benötigt, sollten Sie nicht ausnutzen, um ihm das Wort abzuschneiden. Formulierungs- oder Vortragsmängel des Gesprächspartners ignorieren Sie, platzen nicht mit Verbesserungen heraus, sondern bemühen sich, den Kern der Informationen zu erkennen.

Wichtige Aussagen notieren Sie sofort!
Greifen Sie demonstrativ zu Papier und Bleistift,
- „Das ist ein interessanter Hinweis“
- „Wie ist das im Einzelnen gewesen ?“

werten Sie Ihren Gesprächspartner auf. Durch das schriftliche Festhalten seiner Aussage unterstreichen Sie deren Wichtigkeit und signalisieren damit auch Ihre Anerkennung gegenüber dem Gesprächspartner.

Zeigen Sie Interesse über Ihre Gestik und Mimik!
Jeder Mensch hat eine natürliche Neigung dazu, Dinge, von denen er spricht, mit den Händen darzustellen und sie mit passender Mimik zu verstärken. Selbst dann übermitteln wir unserer Umwelt mit unserem Körper Nachrichten, wenn wir es überhaupt nicht wollen.
Als unpassende Gestik in Gesprächen erkennen wir den drohenden Finger in Richtung des Gegenübers oder die geballte Faust, mit der Zorn, Wut oder Ärger doku-

mentiert werden. In die Hüfte gestützte Arme weisen eine Dominanz- oder Drohgebärde aus.

Werden die Arme verschränkt, also vor der Brust gekreuzt, lässt diese Haltung erkennen, dass man sich bedroht fühlt und sich in sich zurückzieht. Mit der symbolischen Selbstumarmung wird der Wunsch nach Schutz und Wärme dargestellt.
Demgegenüber signalisieren wir mit einer offenen Körperhaltung (zur Gestik bereite geöffnete Arme) unsere Gesprächsbereitschaft.

Auf dem akustischen Kanal haben Sie beim Zuhören „Sendepause". Nicht aber im optischen Sendebereich! Über unsere Mimik können wir Gefühlsregungen wie Freude, Zorn, Interesse, Hoffnung, Enttäuschung, Gleichgültigkeit, Angst, Neugier usw. zeigen.
Diese beachtliche Palette der mimischen Darstellungen unserer Gefühle gehört zu unserem anatomischen Inventar. Versteinerte Gesichtszüge oder Amtsmienen, in denen sich kein Fältchen bewegt, sind in einem Gespräch fehl am Platz.

Fragen Sie bei Unklarheiten nach!
Im Gesprächsverlauf grübeln wir manchmal, was der Partner wohl mit seinen Aussagen meint, wovon er überhaupt redet. Es ist kein Zeichen mangelnder Intelligenz, wenn wir die eine oder andere Aussage des Gesprächspartners nicht verstehen oder den Eindruck haben, von unserem Gegenüber nicht richtig verstanden worden zu sein. Es gibt keine Menschen, die einander in ihren Persönlichkeitsstrukturen und ihrer bisherigen

Lebensgeschichte völlig gleichen. Akzeptieren wir, dass ein anderer Mensch unter ein und demselben Sachverhalt sehr wohl etwas anderes verstehen kann als man selbst. Um also zu einem Dialog zu gelangen und den (Gesprächs-)Partner richtig zu verstehen, fragen wir im Zweifelsfall sogleich nach.

Wiederholen Sie wesentliche Aussagen!

Indem Sie wichtige Aussagen des Gesprächspartners wiederholen, zeigen Sie ihm, dass Sie seinen Aussagen interessiert folgen. Die Gesprächspartner erkennen eher, dass sie sich „auf gleicher Wellenlänge" befinden und einander verstehen. Ihre eingestreuten Wiederholungen beginnen etwa folgendermaßen:

- „Mit anderen Worten ..."
- „Es verstärkt sich bei Ihnen der Eindruck ..."
- „Sie finden, dass ..."
- „Nach Ihrer Einschätzung ..."

Bisherige Erfahrungen zeigen uns, dass uns das Zuhören bei manchen Menschen sehr schwer fällt. Dennoch dürfen wir nicht vergessen, dass der aktiv Zuhörende durch sein Verhalten zu einer verbesserten Kommunikation beiträgt. Durch einfaches Feedback „Aktives Zuhören" gibt er seinem Gesprächspartner zu erkennen:
„Ich achte Sie und Ihre Meinung! Was Sie sagen ist mir so wichtig, dass ich es genau hören und richtig verstehen möchte!"

2.2 Konstruktives Feedback

Bei Aussagen wie
- „Das ist doch Unsinn, wie kann man nur auf eine so seltsame Idee kommen? Können Sie sich nichts Besseres einfallen lassen?"
- „Über Ihr Verhalten bin ich sehr verärgert."
- „Sie verstehen immer gleich, was ich meine."
- „Sie haben es faustdick hinter den Ohren, deshalb bin ich bei Ihnen immer besonders vorsichtig."

handelt es sich in jedem Fall um ein Feedback. Drei der vier Aussagen wirken jedoch so verletzend, dass der Gesprächspartner für eine Fortsetzung des Gesprächs in vertrauensvoller Atmosphäre nicht mehr zur Verfügung steht. Sein Selbstwertgefühl wird erheblich angegriffen, was zu Ängsten, Hemmungen oder Aggressionen führen kann. Zudem werden präzise deutbare Informationen durch emotionale Befindlichkeiten des Feedbackgebers wie Ärger, Argwohn oder Skepsis ersetzt.

Kann der Feedbackempfänger mit einer eher „schwammigen" gefühlsbetonten Rückmeldung aber etwas anfangen, wird sein „Blinder Fleck" aufgehellt? Wohl kaum.

Mit unserem Feedback wollen wir unserem Gegenüber doch die Möglichkeit des Lernens geben. Wir wollen ihm helfen, sich selbst und uns besser zu verstehen. Gelungenes soll vertieft und verstärkt angewendet werden, während Schwächen erkannt und in Zukunft möglichst vermieden werden sollen. Diesen Zielvorstellungen kommen wir nahe, wenn wir ein konstruktives –

also sorgfältig formuliertes – Feedback geben, welches aus drei Teilen besteht:

Teil 1: **Sachverhalt** = Was ist geschehen?

Teil 2: **Beschreibung meiner Gefühle** = Mich einbringen

Teil 3: **Konstruktive Komponente** = Wie anders/besser agieren?

Zu Teil 1:
Beginnen Sie Ihr Feedback mit einer konkreten Situationsbeschreibung, die sachlich nachprüfbar ist. Kommen Sie mit der Darstellung des Sachverhalts sogleich „auf den Punkt" und reden Sie nicht um den heißen Brei herum. Vermeiden Sie unklare Pauschalformulierungen, Verallgemeinerungen, vage Behauptungen oder allgemeine Floskeln. Der Feedbackempfänger weiß nun unzweifelhaft, auf welche konkreten Gegebenheiten sich sein Gegenüber bezieht.

Zu Teil 2:
Mit der Beschreibung Ihrer Gefühle offenbaren Sie, wie Sie innerlich auf den dargestellten Sachverhalt reagieren. Mit dieser subjektiven Stellungnahme exponieren Sie sich als Person. Daher verzichten viele Feedbackgeber gern darauf, weil sie sich lieber „bedeckt" halten möchten. Dennoch sollten Sie keinesfalls die Mitteilung Ihrer Gefühle vernachlässigen. Wenn Sie offen über Ihr eigenes Erleben und Empfinden sprechen und Ihre Meinung darstellen, sind Sie Beispiel und Vorbild.

Zu Teil 3:
Hier äußern Sie Ihre Vorstellungen, wie im Falle einer vorangegangenen kritischen Aussage für die Zukunft eine Verbesserung herbeigeführt werden kann. Ohne diese aufbauende Komponente bliebe Ihr Feedback im Negativen stecken. Mit Ihrem in die Zukunft gerichteten Fingerzeig wird eine Basis errichtet, auf welcher der Mitarbeiter im Idealfall eigene Zielvorstellungen und Verhaltensänderungen aufbauen und entwickeln kann. Wurde in den ersten beiden Phasen Positives dargestellt, ist eine weitere Aufmunterung und Bestätigung angezeigt.

Hiernach lautet die Kurzformel für unser dreiteiliges konstruktives Feedback:

Was bewirkt bei mir was und wie kann es weitergehen?

Beispiel A
Fehlerhaftes Feedback:
„Sie reden völlig an mir vorbei."
Konstruktives Feedback:
Teil 1: *„Sie reden schon fünf Minuten und wiederholen sich mehrfach."*
Teil 2: *„Es ärgert mich, dass ich keine Möglichkeit habe, klärende Fragen zu stellen."*
Teil 3: *„Ich fände es besser, wenn Sie sich kürzer fassten und mir mehr Raum für Fragen ließen."*

Beispiel B
Fehlerhaftes Feedback:
„Sie sind mein bestes Pferd im Stall."
Konstruktives Feedback:
Teil 1: *„Sie haben in den letzten Tagen sehr erfolgreiche Verkaufsgespräche geführt."*
Teil 2: *„Das freut mich, weil Ihnen die Arbeit dadurch mehr Spaß bereitet und wir ein gutes Betriebsergebnis erzielen."*
Teil 3: *„Ich bin sicher, dass ich mich auch künftig auf Ihr Verkaufstalent verlassen kann."*

Beispiel C
Fehlerhaftes Feedback:
„Das scheinen Sie ja immer noch nicht verstanden zu haben."
Konstruktives Feedback:
Teil 1: *„In Ihrem Report zum Projekt ... ist zu erkennen, dass Sie bei dem Punkt ... immer noch Schwierigkeiten haben."*
Teil 2: *„Nachdem ich Ihnen bereits dreimal eine mögliche Problemlösung erklärt habe, bin ich jetzt enttäuscht und ziemlich sauer."*
Teil 3: *„Woran liegt es, dass hier noch Defizite bestehen? Wie können wir diese ausräumen?"*

10 Empfehlungen für Ihr konstruktives Feedback

1. Ihr konstruktives Feedback ist so zu geben, dass es dem Empfänger hilft, sich selbst und seine Wirkung auf andere zu verstehen.

2. Ihr konstruktives Feedback muss beschreibend und nicht bewertend oder interpretierend formuliert sein. Bringen Sie konkrete Beobachtungen, aber keine Schlussfolgerungen, kein Urteil!
3. Ihr konstruktives Feedback darf nicht aufgezwungen werden. Feedback soll eine Hilfe für den Partner sein, kein Zwang.
4. Ihr konstruktives Feedback sollte eher sofort und situativ und nicht in einem zu großen zeitlichen Abstand zu einer beobachteten Verhaltensweise gegeben werden. Helfen Sie Ihrem Partner dadurch, indem Sie sich nicht auf frühere Beobachtungen beziehen, sondern auf das „Hier" und „Jetzt".
5. Ihr konstruktives Feedback muss sich auf veränderbare Verhaltensweisen beziehen. Können Unzulänglichkeiten nicht abgestellt werden, fehlt Ihrem Feedback die konstruktive Komponente.
6. Ihr konstruktives Feedback muss konkret und nicht allgemein abgefasst sein, es sollte also keine pauschalen Aussagen und Bewertungen enthalten.
7. Ihr konstruktives Feedback geben Sie klar, pointiert und möglichst unmissverständlich, nicht aber verschwommen oder gar vage.
8. Ihr konstruktives Feedback beschränken Sie nicht nur auf in Ihren Augen Kritikwürdiges, sondern teilen auch besonders positive Wahrnehmungen und Gefühle mit. Hiermit stärken Sie Selbstwertgefühl und Sicherheit Ihres Gesprächspartners.
9. Ihr konstruktives Feedback darf nur in eigenem Namen gegeben werden, also ichbezogen und nicht indirekt („wir" oder „man"). Statt „Man sollte ei-

nander sagen, was man denkt“, wäre die Formulierung „Ich fände es prima, wenn Sie mir in unseren Gesprächen möglichst ohne Vorbehalte alles sagen würden, was Ihnen auf der Seele lastet“ günstiger.

10. Ihr konstruktives Feedback wird nicht immer sofort akzeptiert. Die Diskrepanz zwischen Selbst- und Fremdbild kann den Feedbackempfänger im ersten Moment sehr irritieren. Lassen Sie dem anderen Zeit zum Verarbeiten Ihres Feedbacks.

Das konstruktive Feedback besteht aus drei aufeinander aufbauenden Teilen:
Teil 1: Sachverhalt = Was ist geschehen?
Teil 2: Beschreibung meiner Gefühle = Mich einbringen
Teil 3: Konstruktive Komponente = Wie anders/besser agieren?

Achten Sie darauf, dass Ihr konstruktives Feedback

- *eher beschreibend (nicht bewertend oder interpretierend),*
- *eher konkret (nicht verallgemeinernd oder pauschal),*
- *eher pointiert (nicht schwammig oder vage),*
- *eher realistisch (nicht utopisch) und*
- *eher unmittelbar (nicht verspätet) sein sollte.*

2.3 Non-direktives Feedback

Ein Mitarbeiter zeigt ein für ihn untypisches Verhalten: Flüchtigkeitsfehler, unzureichende Konzentration, mangelnde geistige Frische. Vermutlich ist er mit häuslichen Problemen belastet, denn im Betrieb läuft alles

„rund". Sie halten es für Ihre Pflicht, die Situation zur Sprache zu bringen …

Ein Mitarbeiter meldet sich nach einer Erkrankung bei Ihnen zurück. Sie beabsichtigen, mit ihm ein Rückkehrgespräch zu führen …

In beiden Fällen kommt es darauf an, in einer Atmosphäre des gegenseitigen Vertrauens über sensible Themen zu reden, gemeinsam Rat zu halten, miteinander Wege der Klärung zu suchen.

Damit der Mitarbeiter die Chance erhält, sich selbst und sein Problem aus seinem Blickwinkel darzustellen, ist ein non-direktives Feedback besonders hilfreich. Dadurch wird dem Mitarbeiter Unterstützung und Hilfe gegeben, seine eigenen Probleme aufzuarbeiten und konkrete Entscheidungen für deren Lösung selbst zu treffen. Sie müssen sich als Vorgesetzter nicht für alles verantwortlich fühlen. Je mehr Sie durch konkrete Handlungen helfen, desto stärker wird beim Mitarbeiter die Abhängigkeit und Hilflosigkeit.

Das non-direktive Feedback ist nicht anwendbar auf reine Fragen der Information, des Wissens, der Anwendung und Auslegung von Vorschriften, der Belehrung und der Entscheidung.

In der folgenden Übung ermitteln Sie, welches Gesprächsverhalten gegenwärtig bei Ihnen im Vordergrund steht. Hierzu kreuzen Sie in jedem Gesprächsausschnitt jene Variante an, der Sie am ehesten zuneigen.

Gesprächsausschnitt 1
Eine Mitarbeiterin beklagt sich über ihren direkten Vorgesetzten:
„Also, ich weiß wirklich nicht, was der hat. Nie kann man es ihm recht machen. Immer hat er etwas zu bemängeln. Ich habe schon ein unangenehmes Gefühl in der Magengegend, wenn ich zu ihm rein muss. Und langsam habe ich das Gefühl, er hat es ganz besonders auf mich abgesehen, er kann mich eben nicht leiden. Wenn man doch bloß mal mit ihm reden könnte ..."

Mögliche Antworten:
1. Sie dürfen sich selbst nicht so wichtig nehmen. Versetzen Sie sich doch einmal in seine Lage! Er hat im Moment so viele Dinge im Kopf, da kann er sich nicht auch noch mit Ihnen beschäftigen.
2. Sie sollten wirklich mal mit ihm reden. Gehen Sie doch am besten gleich zu ihm rein, dann haben Sie es hinter sich. Fragen Sie ihn einfach, was er gegen Sie hat.
3. Was hat er denn immer zu beanstanden? Kritisiert er Sie nur aus Schikane? Haben Sie denn auch mal Fehler gemacht?
4. Das kann ich verstehen. Sie haben schon Angst, zu ihm zu gehen, weil Sie befürchten, dass Sie wieder kritisiert werden. Am liebsten würden Sie mal offen mit ihm reden.
5. Das ist doch jetzt nur, weil er überlastet ist, da ist er manchmal recht nervös. Aber das meint er nicht so. Sie werden sehen, wenn er aus dem Urlaub zurück ist, werden Sie sich prächtig mit ihm verstehen.

6. Sie fühlen sich wahrscheinlich unsicher. Und das führt dazu, dass Sie sich ihm gegenüber verkrampfen.

Gesprächsausschnitt 2

Eine Kollegin beklagt sich beim Betriebsrat:
„Wenn ich Frau Berg schon sehe! Was ist bloß an ihr dran? Sie ist weder attraktiv noch intelligent, und dennoch schafft sie es immer wieder, den Leuten Sand in die Augen zu streuen. So hat sie es damals geschafft, meine Stelle zu bekommen, so dass ich wandern musste. Sie bekommt alles, was sie sich in den Kopf gesetzt hat. Warum durchschaut denn niemand dieses Getue?"

Mögliche Antworten:

1. Sie erinnert Sie wohl an eine ehemalige Freundin?
2. Sie finden, Frau Berg erreicht mehr, als ihr zusteht?
3. Man könnte fast sagen, dass Sie Frau Berg gegenüber eine aggressive Haltung einnehmen. Wir alle haben gegen manche Leute Vorurteile, aber selten bringt uns das in unseren Beziehungen weiter.
4. Das ist ein Fall von Eifersucht, der durch eine Person hervorgerufen wird, die vielleicht etwas fähiger oder geschickter ist als Sie.
5. Warum versuchen Sie nicht, Frau Berg zu beobachten und sie dann auf ihrem eigenen Feld zu schlagen? Wenn sie nur blufft, wären Sie die Siegerin.
6. In Ihrem Alter ist man natürlich allen Enttäuschungen gegenüber sehr anfällig. Man hat aber den Vorteil, vernünftiger zu werden und mehr Lebenserfahrung zu sammeln.

Gesprächsausschnitt 3

Herr Emsig erklärt gegenüber einem guten Bekannten: „Nach bestandener Fortbildungsprüfung fängt man mit vielen guten Vorsätzen bei der neuen Firma an und ist bereit, sich anzustrengen und etwas zu leisten. Man nimmt auch einige Fehlschläge in Kauf. Aber wenn man feststellen muss, dass alles, was man tut, doch keinen Sinn hat, weil man dem Vorgesetzten nichts recht machen kann, dann verliert man die Lust. Man resigniert oder sieht sich nach anderen Möglichkeiten um."

Mögliche Antworten:

1. Sie resignieren zu schnell. Fehlschläge hat man meistens selbst verursacht. Man kann sie auch selbst vermeiden.
2. Haben Sie schon mit Ihrem Chef darüber gesprochen? Vielleicht könnten Sie in eine andere Abteilung gehen. Auch könnten Sie sich bald für eine Beförderungsstelle bewerben.
3. Wem können Sie nichts recht machen? Was für Fehlschläge waren das?
4. Sie glauben, dass Sie unter dem jetzigen Vorgesetzten nicht weiterkommen können, und resignieren nun?
5. Lassen Sie nicht gleich den Kopf hängen. Sie werden schon eine Möglichkeit für eine verbesserte Zusammenarbeit finden.
6. Sie haben Ihre Fehlschläge wohl nicht verkraftet. Sie haben zu hohe Ansprüche an Ihre Vorgesetzten. Sie glauben, dass Sie nicht genügend akzeptiert werden

und woanders mit offenen Armen empfangen würden.

Gesprächsausschnitt 4

Ein Mitarbeiter kommt sichtlich erregt zu Ihnen und beschwert sich über einen Kollegen:
„Ich will weg aus der Abteilung. So geht das nicht mehr weiter. Ich habe mir im letzten Jahr die größte Mühe gegeben, Herrn Bauer einzuarbeiten. Aber das klappt nicht. Immer, wenn ich ihm freundlich und vorsichtig etwas erkläre oder etwas zu beanstanden habe, nörgelt er herum und meint, ich solle mich nicht als Chef aufspielen. Mir reicht es jetzt, ich will weg, diesen Mann kann ich nicht mehr sehen!"

Mögliche Antworten:

1. Ist es denn wirklich so schlimm? Es kommt doch immer wieder mal vor, dass man mit einem Kollegen nicht ganz klar kommt. Das wird schon wieder werden. Versuchen Sie es einfach wieder. Sie schaffen es, ich weiß das.
2. Vielleicht fühlen Sie sich durch die Kritik von Herrn Bauer verunsichert und reagieren unbewusst tatsächlich wie ein Vorgesetzter, der in seinem Bereich für Ordnung sorgt.
3. Was sind das denn für Fehler, die Sie bei Herrn Bauer zu beanstanden haben? Und wie ist dieses Herumnörgeln von Herrn Bauer zu verstehen?
4. Sie haben sich sehr große Mühe bei der Einarbeitung von Herrn Bauer gegeben, empfinden dies als vergebens und wollen weg.

5. Haben Sie mit Herrn Bauer schon über Ihren Ärger gesprochen? Sie sollten mal mit ihm von Mensch zu Mensch reden, dann wird er sicherlich feststellen, dass das mit dem Chef überhaupt nicht zutrifft.
6. Langsam, langsam, meinen Sie nicht, dass Sie etwas überstürzt handeln? Solche Entscheidungen sollte man erst einmal reiflich überlegen und überschlafen, bevor man Konsequenzen dieser Art ziehen möchte.

Gesprächsausschnitt 5

Ein Mitarbeiter zu einem befreundeten Kollegen:
„Ich weiß wirklich nicht mehr, was ich davon zu halten habe. Gestern hat mich der Chef vor versammelter Mannschaft in den Himmel gelobt. Heute zählt er mich so aus, dass mir Hören und Sehen vergangen ist. Und dies wiederholt sich ständig. Manchmal glaube ich, mich in einem Irrenhaus zu befinden. Will er mich mit diesem Psychoterror kaputtmachen? Manchmal neige ich schon dazu, mich als Versager zu betrachten."

Mögliche Antworten:

1. Versuche, die Sache objektiv zu betrachten. Ist es denn wirklich so schlimm? Daraus muss man doch kein Drama machen. Es gibt viel Schlimmeres im Leben. Kopf hoch!
2. Mit anderen Worten, seitdem er dich kritisiert, hast du Schuldgefühle.
3. Durch den ständigen Wechsel von Lob und Tadel fühlst du dich unsicher und hast manchmal das Gefühl, nicht viel zu taugen.
4. Wenn du dich so schnell entmutigen lässt, taugst du wirklich bald zu nichts mehr.

5. Ist nur dieses Verhalten deines Vorgesetzten der Grund, dass es so weit gekommen ist und du an dir zweifelst?
6. Du solltest daran denken, was du bisher erreicht hast und dich nicht entmutigen lassen. Zieh doch die Bilanz deiner Erfolge. Notfalls beschwerst du dich über ihn beim nächsthöheren Vorgesetzten!

Auswertung:
Markieren Sie im folgenden Schema Ihre angekreuzte Antwortnummer zu den einzelnen Gesprächsausschnitten.

	Fall 1	Fall 2	Fall 3	Fall 4	Fall 5	Insgesamt
A	1	3	1	6	4	
B	6	4	6	2	2	
C	5	6	5	1	1	
D	3	1	3	3	5	
E	2	5	2	5	6	
F	4	2	4	4	3	

Tragen Sie jetzt in der rechten Spalte die Punktzahl Ihrer Antworten in der jeweiligen Horizontalen ein. Vermutlich ergibt sich eine dominierende Reihe, deren

Kennbuchstabe in der ersten Spalte der Tabelle Ihre vorrangige Antworttendenz verrät. Je höher dieser Wert (max. „5"), desto stärker ist diese Tendenz ausgeprägt.

Antworttendenzen

A Ihre Antworten sind **wertend**, das heißt sie implizieren Ihren moralischen Standpunkt und beinhalten ein ablehnendes oder zustimmendes Urteil über den anderen. Ihre Antwort weist den Gesprächspartner an, so zu denken, wie Sie es für wertvoll und richtig halten. Ihr Gesprächspartner merkt, dass andersartiges Denken Ihren Unmut erregt.

B Ihre Antworten sind **Interpretationen**. Sie drängen dem Gesprächspartner die Gedanken auf, die Sie mit Ihrem Verstand und Ihren Erfahrungen für logisch und folgerichtig halten. Der Gesprächspartner erlebt Ihre Äußerungen als Unterstellungen. Sie sind nicht wirklich bereit, Neues zu erfahren.

C Ihre Antworten haben **beruhigenden** (tröstenden) Charakter und zielen auf eine Ermutigung oder eine Besänftigung ab. Sie zeigen schnell Verständnis und glauben, dass man die Sache nicht noch stärker dramatisieren sollte. Sie versuchen, Probleme zu beseitigen. Durch Ihre Antwort bekommt der Gesprächspartner unter Umständen das Gefühl, Sie schieben das Problem auf oder erkennen die Tragweite nicht.

D Ihre Antworten sind **forschend**. Sie bemühen sich, mehr zu erfahren, und lenken das Gespräch in die Richtung, die Ihnen wichtig erscheint. Ihre Antworten erzeugen jedoch leicht den Eindruck von Ungeduld. Sie bedrängen den Gesprächspartner, er fühlt sich leicht Ihren Fragen wie in einem Verhör ausgesetzt und antwortet nur noch das Nötigste.

E In Ihren Antworten bieten Sie **sofortige Lösungen** an. Sie reagieren durch Handeln und drängen zur Tat. Sie warten nicht ab, bis Sie mehr erfahren haben, um dann eine vielleicht maßgerechtere Lösung zu finden. Durch Ihre Antworten nehmen Sie dem Gesprächspartner die Möglichkeit, eine Lösung zu entwickeln, die er als seine eigene oder eine gemeinsame betrachten kann.

F Ihre Antworten zeigen **Verständnis** und spiegeln Ihre Bemühungen wider, sich wirklich in die Problemlage Ihres Gesprächspartners zu versetzen. Diese Haltung ermutigt und stimuliert diesen zu weiteren Ausführungen, weil er Ihr vorurteilsfreies Interesse an weiteren Informationen spürt.

Das Gesprächsverhalten F ist identisch mit non-direktivem Feedback. Falls andere Antworttendenzen bei Ihnen im Vordergrund stehen, sollte Sie das in dieser Übung aufgezeigte Feedback ermuntern, sich selbst zu fragen, ob Sie eine Änderung Ihres Gesprächsverhaltens anstreben.

Allein durch Ihr non-direktives Feedback stellt sich oft genug beim Mitarbeiter eine befreiende Wirkung ein, da er einem verständnisvollen Zuhörer sein Herz ausschütten konnte, ohne dass seine Aussagen sogleich mit persönlichen oder moralischen Urteilen bewertet wurden.

3. Feedback in Form des Kritikgesprächs

Gehen wir davon aus, dass jeder Mitarbeiter grundsätzlich ohne Fehler arbeiten möchte, um Erfolge bei seiner Arbeit zu sehen, die Wertschätzung der Umwelt zu gewinnen und in Übereinstimmung mit dem eigenen Gewissen zu leben. Kaum ein Mitarbeiter produziert aus bösem Willen vorsätzlich Fehler, sondern sie unterlaufen ihm im Regelfall, weil er sie nicht erkennt bzw. es nicht besser weiß.

Mit unserem Feedback machen wir auf Fehler oder Fehlverhalten aufmerksam und suchen nach Wegen, die künftig zu besseren Ergebnissen führen. Halten wir berechtigte Kritik zurück, bringen wir unseren Mitarbeiter – und regelmäßig auch uns selbst und unser Unternehmen – um den Erfolg! Wir untersuchen, wann ein kritisches Feedback angebracht ist und wie wir uns Erfolg versprechend dieser Aufgabe unterziehen wollen.

3.1 Checkliste für die Notwendigkeit eines Kritikgesprächs

Bei unüberlegtem und leichtsinnigem Einsatz ist Kritik eine scharfe Waffe, mit der Sie schnell seelische Wunden bei Ihren Mitarbeitern schlagen können. Im Einzelfall überlegen Sie daher stets gewissenhaft, ob Sie kritisieren müssen und wie Sie sich dieser Aufgabe unterziehen.

Bevor Sie ein sachliches und konstruktives Kritikgespräch vereiteln, stellen Sie sich vor jedem Kritikgespräch folgende Fragen:

	JA	NEIN
Muss in diesem Fall wirklich Kritik geübt werden?	☐	☐
Bin ich für diese Kritik zuständig?	☐	☐
Bemühe ich mich, die häufigsten Fehler im Kritikgespräch zu vermeiden?	☐	☐

- Autoritäre Kritik
- Persönliche Kritik
- Verallgemeinernde Kritik
- Kritik in Gegenwart Dritter
- Ironische/sarkastische Kritik
- Telefonische Kritik
- Schriftliche Kritik
- Wiederholte Kritik aus demselben Anlass
- Kritik bei Unwesentlichem
- Kritik in Form einer allgemeinen Anweisung

	JA	NEIN
Kann ich den Gesprächstermin bestimmen?	☐	☐
Kann ich den Gesprächsort bestimmen?	☐	☐
War die ursprüngliche Zielvereinbarung realistisch?	☐	☐
Treten schwerwiegende Folgen auf, wenn ich das Kritikgespräch nicht führe?	☐	☐

7 x JA ? = Kritikgespräch führen!

3.2 Ablaufplan für erfolgreiche Kritikgespräche

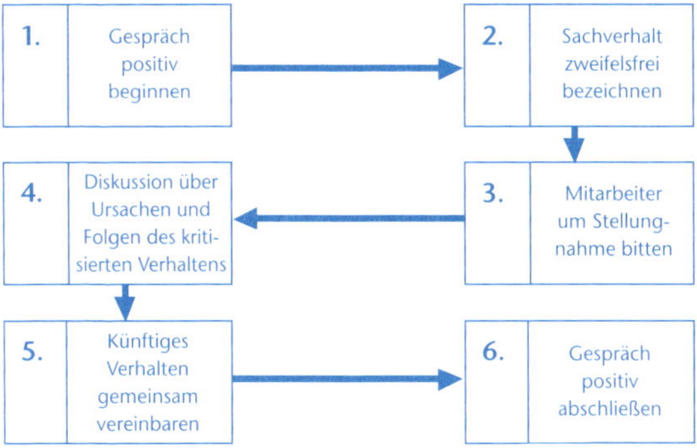

Phase 1: Gespräch positiv beginnen

Soll ein Gespräch ein konstruktives Ergebnis bringen, muss auch die Gesprächsatmosphäre positiv sein. In einem Klima mit „dicker Luft“ kann ein vertrauensvolles Gespräch nicht gedeihen. Daher ist es unabdingbar, mit einem gesprächsfördernden Kontakt zum Mitarbeiter ein emotional ansprechendes Angebot zu machen. Wie eine Brücke zwischen dem Vorgesetzten und dem Mitarbeiter, die so stabil errichtet werden muss, dass sie die späteren Erschütterungen durch die Kritik ohne Einsturz übersteht.

Den Gesprächsbeginn stimmen Sie mit dem erforderlichen Einfühlungsvermögen sorgfältig auf die Person des Mitarbeiters ab. Mit Sicherheit lässt sich zum Verhalten oder zu der Leistung des Mitarbeiters etwas Positives sagen.

Phase 2: Sachverhalt zweifelsfrei bezeichnen

Erst die sorgfältige Analyse des Geschehenen ergibt eine verlässliche Ausgangsbasis und lässt Sie erkennen, ob von der Sache her ein Kritikgespräch erforderlich ist. Sie bezeichnen die festgestellte Abweichung vom Soll genau und konkret, so dass eine eindeutig benannte und daher von beiden Seiten erkannte Ausgangslage in den Vordergrund tritt. Die Beteiligten haben nun eine Basis, um hoffentlich nicht aneinander vorbeizureden.

Der Vorgesetzte kann wertfrei – das heißt ohne Schuldzuweisung – den Sachverhalt schildern, wie er ihn nach seiner Analyse sieht, und der Mitarbeiter weiß nun genau, auf welchen Punkt das Gespräch begrenzt ist.

Phase 3: Mitarbeiter um Stellungnahme bitten

Sie akzeptieren es als ein zwingendes Gebot der Fairness, dem Mitarbeiter das Recht auf Äußerung zu dem Sachverhalt zuzugestehen.

Hierbei lassen Sie sich und dem Mitarbeiter Zeit und hören aktiv zu. Erforderlichenfalls sind Sie bereit, neue Informationen vorurteilsfrei zu werten und sich für eine Fehleinschätzung zu entschuldigen. Müssen vom Mitarbeiter noch zusätzliche Informationen beigebracht werden oder benötigen Sie zur Prüfung neuer Erkenntnisse Zeit, unterbrechen Sie das Gespräch. Unwahrheiten treten Sie nicht mit moralischen Wertungen entgegen, sondern suchen durch sachliche Fragen nach Einzelheiten, die Situation zu bereinigen.

Erst wenn mit klaren Fakten ein gesicherter Tatbestand zu erkennen ist, wird auf dieser Grundlage das Gespräch zur nächsten Phase übergeleitet.

Geben Sie dem Mitarbeiter die Chance, den Sachverhalt aus seinem Blickwinkel darzustellen. Wird ihm dies verwehrt, kommt es nicht zu einem Gespräch, sondern zu einem Monolog, zu einer Befehlsausgabe.

Phase 4: Diskussion über Ursachen und Folgen des kritisierten Verhaltens

Häufig werden wir Fehler nur dann korrigieren können, wenn die Ursachen bekannt sind. Wissen wir, weshalb etwas falsch gelaufen ist, werden wir Möglichkeiten finden, für die Zukunft eine Besserung zu erzielen: So werden Unzulänglichkeiten im organisatorischen Bereich neuen Erfordernissen angepasst, vorhandene Wissenslücken beim Mitarbeiter durch verstärkte Schulung oder gezielte Information ausgeglichen und eine unzureichende Arbeitsausführung vorrangig durch Training/Schulung korrigiert.
Es ist also durchaus in Ordnung, nach den Ursachen von Fehlern zu forschen, denn der Zweck des Nachhakens liegt in der Ausmerzung der Fehlerquelle, nicht in der Verurteilung des Mitarbeiters.

Spätestens in diesem Gesprächsteil soll der Mitarbeiter nach einer ruhig und sachlich geführten Diskussion erkennen können, dass und aus welchem Grunde sein Vorgehen verfehlt war. Die Mängel sollten nunmehr von beiden Gesprächsteilnehmern in gleicher Weise beurteilt werden, um in der nächsten Gesprächsphase Korrekturmaßnahmen entwickeln zu können.

Phase 5: Künftiges Verhalten gemeinsam vereinbaren

Nun gilt es, mit dem Mitarbeiter partnerschaftlich zu

besprechen – ihm nicht zu diktieren –, wie in Zukunft vorgegangen werden soll. Dieser Blick in die Zukunft ist wesentlich bedeutsamer, als weiter über längst vergossene Milch zu jammern. Denn der Mitarbeiter hört nur ungern Vorwürfe seines Vorgesetzten. Jetzt steht die Lösung des diskutierten Problems im Vordergrund, die möglichst auch zu erwartende ähnliche Probleme ausschließen müsste.

Bei der angestrebten Vereinbarung sollten Sie eine aktive Beteiligung des Mitarbeiters anstreben, indem dieser eigene Zielvorstellungen und Verhaltensänderungen entwickelt. Je mehr der Mitarbeiter richtige Wege, Mittel und Maßnahmen vorschlägt, umso stärker wird er eine seine eigenen Gedanken beinhaltende Lösung akzeptieren, sich mit ihr identifizieren und sie dann auch realisieren.

Die vereinbarten realistischen Verbesserungsvorschläge sind in einer ruhigen, klaren und nicht verletzenden Weise unmissverständlich zu bezeichnen (evtl. Handlungsplan aufstellen). Obwohl Sie an der Bereitschaft des Mitarbeiters nicht zweifeln, dass dieser sein bisheriges Fehlverhalten abstellt und dafür das Vereinbarte berücksichtigt, werden Sie dennoch mit ihm ganz offen verstärkte Kontrollen vereinbaren. Damit weiß er, dass die Sache ernst gemeint und wichtig ist.

Die künftigen Vorgehensweisen werden gemeinsam vereinbart. Da der Mitarbeiter „eingebunden" wird, fühlt er sich für das Ergebnis eher verantwortlich und bemüht sich intensiver um eine Realisierung.

Phase 6: Gespräch positiv abschließen
Achten Sie darauf, dass dem Kritikgespräch kein „bitterer Nachgeschmack“ anhaftet. Sie haben das Gesprächsziel verfehlt, wenn sich Ihr Mitarbeiter „wie ein begossener Pudel“ trollt. Geben Sie sich große Mühe, das Kritikgespräch in einem freundlichen Klima abzuschließen. Beide Seiten sollen letztlich das Gefühl haben, durch das Gespräch etwas gewonnen zu haben.

Bringen Sie zum Ausdruck, dass Sie Ihren Mitarbeiter weiter schätzen und dass die Basis für eine gute Zusammenarbeit nach wie vor besteht.

3.3 Kritik gegenüber dem Team

Bei Kritik an Ihrem Team sollten Sie behutsam vorgehen. Wie schnell können sich bei einer kollektiven Kritik Ihre Mitarbeiter solidarisieren und in Ihnen den gemeinsam zu bekämpfenden Feind erblicken. Sie würden in eine ungewollte Isolation geraten, die Sie vielleicht zu einem verstärkt autoritär geprägten Führungsverhalten veranlassen könnte. Auch würde das Leistungsverhalten derjenigen Teammitglieder gedrückt, die zu der kollektiven Kritik keinen Anlass gegeben haben. Und schließlich kann die Wirkung dieser Kritik verpuffen, wenn sich niemand angesprochen fühlt.

Zwingt die Situation dennoch zur Teamkritik, lassen Sie ein besonderes Fingerspitzengefühl walten. Prüfen Sie zunächst noch einmal sorgfältig, ob alle Teammitglieder zu kritisieren sind. Trifft dies nicht zu, entfällt Ihre Kritik gegenüber dem gesamten Team. Sollten aber berechtigterweise alle Teammitglieder von der Kritik betroffen werden, beziehen Sie sich mit ein:

- „**Wir** haben im letzten Monat mehrfach …"
- „Für **uns** ergibt sich hieraus die Konsequenz …"
- „Die vereinbarten Ergebnisse haben **wir** nicht erreicht …"

Zunächst prüfen Sie gewissenhaft, ob ein Kritikgespräch erforderlich ist. Besteht Ihrerseits Handlungsbedarf, bauen Sie das Gespräch stufenweise auf:

1. *Sie richten Ihr Augenmerk darauf, das Gespräch positiv zu beginnen. Fühlt sich der Mitarbeiter angegriffen, wird er sogleich auf Verteidigung sinnen und für ein sachliches Gespräch nicht zur Verfügung stehen.*
2. *Sie bezeichnen zweifelsfrei den Sachverhalt. Das bedeutet, Sie reden nicht um den heißen Brei herum, sondern stellen sachlich Ihre Sicht der*

Dinge dar. Sie arbeiten weder mit Pauschalformulierungen noch äußern Sie Vermutungen. Aussagen von Dritten nehmen Sie skeptisch zur Kenntnis (Vorsicht vor Denunzianten!).

3. *Sie bitten den Mitarbeiter um Stellungnahme zu dem von Ihnen vorgetragenen Sachverhalt. Das ist wichtig, da Ihr Gesprächspartner der Sache naturmäßig am nächsten steht.*
4. *Sie sehen nun eine Diskussion über Ursachen und Folgen des kritisierten Verhaltens vor. Vermeiden Sie dabei, von Vergangenem ausführlich und breit zu berichten. In dieser Phase haben Sie das Ziel erreicht, wenn der Mitarbeiter einsieht, dass und weshalb sein Handeln fehlerhaft war.*
5. *Sie ziehen aus dem Erkannten die Konsequenzen und vereinbaren das künftige Verhalten. Sie beziehen den Mitarbeiter unbedingt ein, in dem Sie mit ihm gleichberechtigt das Für und Wider verschiedener Handlungsmöglichkeiten erörtern und sich mit ihm auf eine gemeinsame Vorgehensweise einigen. Das vereinbarte Ergebnis ist ohne die Möglichkeit einer Fehlinterpretation (Feedback einholen – siehe Seite 14) als eindeutig zu bezeichnen. Auch sind dem Mitarbeiter Kontrollen in Aussicht zu stellen, damit das vereinbarte Soll erreicht wird.*
6. *Achten Sie auf einen positiven Gesprächsabschluss und schließen Sie sich einer Erkenntnis von Goethe an: „Aufmunterung nach dem Tadel ist Sonne nach dem Regen, fruchtbares Gedeihen."*

Falls Sie Ihr Team kritisieren, beziehen Sie sich in die Kritik mit ein.

4. Feedback in Form von Anerkennung

In einer kürzlich veröffentlichten Befragung von Arbeitnehmern bemängelten 79 Prozent das unausgewogene Spenden von Anerkennung und Kritik. Da ein Feedback in Form von Anerkennung sowohl im Berufsleben als auch im Freizeitbereich stark motivierend wirkt, muss nicht nur für Vorgesetzte der Grundsatz lauten:

Weniger kritisieren – mehr anerkennen!

4.1 Anerkennung – ein lebenswichtiges Vitamin für jeden Mitarbeiter

Sachlich nachvollziehbare redlich „verdiente" Anerkennung gehört zu den wichtigsten Bedürfnissen der menschlichen Natur. Mit seinen Leistungen anerkannt zu werden, bedeutet auch, erfolgreich zu sein. Und wer hat nicht gern Erfolg?

Mediziner wissen, dass Erfolgserlebnisse zu einer günstigen Hormonlage im menschlichen Körper beitragen. Der Adrenalinspiegel ist niedrig, so dass die „Schaltvorgänge" der Gehirnzellen des bewussten Nervensystems reibungslos funktionieren. Und fühlt sich der Mensch wohl in seiner Haut, wird er erfahrungsgemäß besser arbeiten und gute Leistungen erzielen.

Völlig zu Recht wird die Anerkennung als lebenswichtiges und Lebenslust spendendes Vitamin bezeichnet. Wird uns dieses Vitamin nicht zugeführt, treten die bei

Vitaminmangel anzutreffenden Symptome auf: Verdrossenheit, Lustlosigkeit, Ermüdung, Niedergeschlagenheit und Arbeitsunlust. In angemessenem Umfang verabreichte Anerkennung wirkt indes als Heil- und Wundermittel.

Es ist erstaunlich, dass Vorgesetzte häufig äußerst zurückhaltend mit Anerkennung umgehen, obwohl die Anerkennung im Gegensatz zur Kritik eine besonders dankbare Aufgabe für jeden Vorgesetzten ist. Vermutlich haben Sie bereits Aussagen gehört wie

- „Ordentliche Arbeit sehe ich als normale Pflichterfüllung an, die keiner besonderen Erwähnung bedarf."
- „Solange ich nichts sage, ist alles in Ordnung. Wenn etwas schief läuft, werde ich mich schon melden."
- „Anerkennung brauche ich nicht zu geben. Meine Leute spuren auch so."

Wer konsequent auf anerkennende Worte gegenüber seinen Mitarbeitern verzichtet, baut eine Motivationsbarriere auf. Es kommt zu einem Absinken der Leistungsbereitschaft und des Leistungsniveaus. Diese Führungskraft wird eines Tages feststellen, dass in ihrem Bereich kaum noch anzuerkennende Leistungen gebracht werden. Stattdessen sitzen Minimalisten (= Mitarbeiter, die gerade noch so viel leisten, dass sie sich keine Schwierigkeiten mit dem Arbeitgeber einhandeln) ihre Arbeitszeit ab. Diese Mitarbeiter haben es schließlich aufgegeben, sich durch – offensichtlich nicht zur Kenntnis genommene – besondere Leistungen auszuzeichnen.

Verschaffen Sie Ihren Mitarbeitern Höhepunkte, die den Arbeitsalltag durchbrechen. Das kostet Sie keinen Cent, sondern lediglich ein überlegtes und sensibles Vorgehen.

Es gehört zu den gesicherten Erkenntnissen der Arbeitspsychologie: Menschen, die sich wohl fühlen, liefern auch gute Leistungen ab und sind für weitergehende Motivierung zugänglich. Gleichsam mit Ihrer motivierenden Anerkennung ist beim Mitarbeiter eine Steigerung der Arbeitsfreude verbunden. Denken Sie daran: Ohne Arbeitsfreude geht ein Drittel des Lebens Ihrer Mitarbeiter verloren!

Darüber hinaus erhöht eine verdiente Anerkennung den Selbstverpflichtungscharakter für die Bewältigung zukünftiger Aufgaben. Einen hohen Qualitäts- und Leistungsstandard werden Ihre Mitarbeiter auch dann beibehalten, wenn äußere Zwänge wegfallen. Schließlich wiederholen sie gerne Handlungen, die ihnen weitere Erfolgserlebnisse vermitteln, denn:

Erfolg erzeugt weiteren Erfolg!

Die mit einer Anerkennung einhergehende Faszination kann auch dazu führen, dass der Mitarbeiter voll „in einer Sache aufgeht“. Das lebenswichtige Vitamin „Anerkennung“ weckt schlummernde Kräfte!

Vergessen Sie bitte nicht: Mit ehrlich verdienter Anerkennung zahlen Sie in die „seelische Lohntüte“ Ihres Mitarbeiters ein. Mit Ihrer gezeigten positiven Wertschätzung bauen Sie ein Guthaben auf, von dem Sie später abheben können.

Anerkennung verschafft Erfolgserlebnisse. Diese sind Grundlage für eine dauerhafte positive Einstellung zur Arbeit und für das Erzielen optimaler Arbeitsergebnisse.

4.2 9 Merkpunkte für Ihre motivierende Anerkennung

Eine fertige „Gebrauchsanweisung“ für das Führungsmittel Anerkennung oder für ein mehrstufiges Gesprächsmodell gibt es nicht. Beachten Sie jedoch die folgenden neun Merkpunkte, können Sie von Ihnen geäußerte Anerkennung situationsabhängig und besonders wirkungsvoll einsetzen:

Merkpunkt 1: Sprechen Sie auch schwächeren Mitarbeitern Anerkennung aus

Anlässe gibt es genügend. Richten Sie Ihre Aufmerksamkeit auf die Augenblicke, in denen Ihre Mitarbeiter gute Ergebnisse erzielen, sich motiviert ihrer Arbeit zuwenden oder Routinearbeiten gewissenhaft ausführen. Wenn Sie Ihre Mitarbeiter dabei „erwischen“, wenn sie eine Arbeit richtig/gut machen, dann haben Ihre Mitarbeiter eine positive Rückmeldung verdient.

Auch bei normaler Arbeitsleistung sollten Sie hin und wieder Anerkennung aussprechen, um auch schwächere Mitarbeiter zu motivieren. Schließlich möchte jeder Mitarbeiter von Zeit zu Zeit ausdrücklich bestätigt wissen, dass die geleistete Arbeit den Anforderungen entspricht.

„Ertappen" Sie Ihre Mitarbeiter dabei, wenn sie eine gute Leistung gezeigt haben. Durch berechtigte und wirkungsvolle Anerkennung helfen Sie ihnen, ihre Höchstform zu erreichen!

Merkpunkt 2: Ihre Anerkennung muss aufrichtig sein

Wir warnen vor wahllos verteilter, gleichmäßig mit der Gießkanne über alle Mitarbeiter ausgeschütteter Anerkennung! Unangebrachte Anerkennung wird als Zweckmanöver durchschaut und verliert ihre Wirkung. Der Mitarbeiter hat ein ausgeprägtes Gefühl dafür, ob eine Anerkennung nach dem Motto „Der Zweck heiligt die Mittel" gegeben wird oder ob die anerkennenden Worte auf konkreter Einschätzung der Leistung oder des Verhaltens beruhen.

Geben Sie nicht erst dann Anerkennung, wenn Überstunden fällig werden oder wenn plötzlich am Wochenende unaufschiebbare Arbeiten erledigt werden müssen. Die in diesen Situationen gewährte Anerkennung soll die Mitarbeiter „gefügig" machen, was natürlich von den Mitarbeitern durchschaut wird.
Bemerken Sie Positives, freuen Sie sich hierüber aufrichtig – jeder Erfolg Ihrer Mitarbeiter ist zugleich ein

Teil Ihres Erfolges als Vorgesetzter – und geben Sie dies auch zum Ausdruck.

Anerkennung muss von Herzen kommen, darf kein Manipulationsinstrument sein. Wer sich nicht ehrlich an den Erfolgen anderer Mitmenschen zu freuen vermag, kann keine Menschen führen. Ein verdientes Wort der Anerkennung muss für Sie mehr als nur moralische Verpflichtung sein!

Merkpunkt 3: Ihre Anerkennung muss sich auf ein konkretes Leistungsergebnis beziehen

Bei der Anerkennung verzichten Sie auf unklare Pauschalformulierungen und allgemeine Floskeln (z. B. „Auf Sie kann ich mich immer verlassen“ oder „Sie sind mein bestes Pferd im Stall“) und bemühen sich mehr um genaue und konkrete Angaben.

Statt	Besser
„Ich finde Ihr Verhalten gut.“	„Mir ist aufgefallen, dass Sie unseren Kunden gegenüber sehr zuvorkommend und hilfsbereit sind.“
„Mit Ihren Arbeitsergebnissen bin ich sehr zufrieden.“	„Die fünf letzten Präsentationen haben Sie ohne Pannen organisiert. Es hat alles einwandfrei geklappt.“

„Sie bringen die Dinge stets auf den Punkt."	„In unserer gestrigen Mitarbeiterbesprechung ist es Ihnen gelungen, die vorgesehenen organisatorischen Änderungen exakt und überzeugend vorzutragen."

Das Benennen konkreter Leistungsergebnisse ist aufwändig und erfordert umfangreichere Formulierungen. Indem Sie Zahlen, Daten und Fakten nennen, werden Ihre anerkennenden Worte nachvollziehbar und glaubwürdig. Damit erhält Ihr Mitarbeiter das Gefühl, die Anerkennung wirklich verdient zu haben.

Gehen Sie bei Ihrer Anerkennung konkret und individuell auf Ihren Mitarbeiter ein, kommt es nicht zu einer schablonenhaften Anerkennung nach Schema F!

Merkpunkt 4: Achten Sie auf die richtige Dosierung Ihrer Anerkennung

Überschwängliches Bedanken oder ein „Über-den-grünen-Klee-Loben" sind fehl am Platze. Geben Sie dem Mitarbeiter durch ein Lächeln, ein Kopfnicken, ein „Gut gemacht", „Vielen Dank", „Gut so" oder „Das Verkaufsgespräch war vorbildlich" zu erkennen, dass Sie seine erfreuliche Arbeitsleistung bemerkt haben. Diese „Kleinigkeiten des Berufsalltags" sind für die Verbesserung der Mitarbeiterzufriedenheit überaus wichtig.

Hat der Mitarbeiter sein Soll erheblich übertroffen oder trotz schwieriger Bedingungen erreicht, sagen Sie ihm, was an seiner Leistung besonders anerkennenswert ist. Überlegen Sie sich auch, ob ein persönliches Geschenk eine beeindruckende Auszeichnung für den Mitarbeiter darstellt. Eine nach einem guten, positiven Arbeitsergebnis unverhofft überreichte Flasche Wein kostet nicht viel und stellt aber doch eine große Freude für den Mitarbeiter dar.

Wichtig ist, dass Sie die Anerkennung im richtigen Augenblick in passender Weise geben. Ein routinemäßiges Anerkennen hat zu unterbleiben.

Merkpunkt 5: Vermeiden Sie Anerkennung in Gegenwart Dritter

Anerkennung vor Dritten kann überheblich oder eitel machen. Schnell kann aber auch der in den Vordergrund gerückte Mitarbeiter als „Liebling des Chefs“ oder „Speichellecker“ von den Kollegen in eine Außenseiterrolle gedrängt oder gar zum Mobbingopfer gemacht werden.
Mitarbeiter sind nicht immer neidlos bereit, die erzielte Leistung eines Kollegen als anerkennenswert zu betrachten („Der ist auch nicht besser als ich“). Manche fühlen sich persönlich ungerechtermaßen zurückgesetzt, andere wiederum sind eifrig bemüht, dem mit Anerkennung beglückten Kollegen Steine in den Weg zu rollen. Dass das Arbeitsklima durch Anerkennung vor Kollegen erheblich beeinträchtigt werden kann, steht wohl außer Zweifel.

Eine Anerkennung unter vier Augen lässt Neid und Missgunst der Kollegen kaum aufkommen. Die Gegenwart Dritter ist nur dann gerechtfertigt, wenn Sie eine besondere Dankbarkeit (z.B. Arbeitsjubiläum, Eintritt in den Ruhestand) ausdrücken wollen.

Merkpunkt 6: Geben Sie sachorientierte Anerkennung

Die Anerkennung soll auf die Sache bezogen sein, nicht auf die Person des Mitarbeiters. Sie erkennen keine persönlichen Eigenschaften an, sondern Leistungen oder Verhaltensweisen Ihrer Mitarbeiter.

Es ist entmutigend, vormittags persönlich gelobt und nachmittags persönlich getadelt zu werden. Würden Sie sich als Mitarbeiter nicht über die wechselnde Beurteilung Ihrer Person von einem Extrem ins andere wundern?

9.00 Uhr	„Sie sind ein gewissenhafter Mitarbeiter."	„Den Fall X haben Sie sehr zügig bearbeitet."
15.00 Uhr	„Sie sind ein unzuverlässiger Mitarbeiter."	„Den Brief sollten Sie überarbeiten, denn ..."
	= Wertung der Person	= Wertung der Leistung
	= vermeiden	= praktizieren

Kommen Sie weg von reiner Lobhudelei, nennen Sie Fakten! Der Mitarbeiter freut sich über die zu Recht verdiente Anerkennung und stellt fest, dass Leistung sich lohnt. Erkennen Sie nur einen bestimmten sachlichen Aspekt an, so sind Sie durchaus frei, später auch sachlich Kritik zu üben.

Merkpunkt 7: Erkennen Sie unmittelbar nach einer guten Leistung an

Bedenken Sie bitte, dass nicht jeder Mitarbeiter geduldig auf eine noch ausstehende verdiente Anerkennung ausharrt. Mancher wird das Warten mit Resignation quittieren.

Bei der Anerkennung muss der Mitarbeiter den Zusammenhang zwischen der geleisteten Arbeit und Ihrer Reaktion erkennen können. Ist dieser Zusammenhang nicht mehr offensichtlich, baut sich Zweifel auf, ob der Mitarbeiter die Anerkennung tatsächlich verdient hat oder ob sie nur manipulativ von Ihnen als Vorgesetztem genutzt wird.

Sie geben Anerkennung möglichst zeitnah zu der Leistung bzw. Situation, auf die Sie sich beziehen.

Merkpunkt 8: Verbinden Sie Anerkennung keinesfalls mit Kritik

Verbinden Sie niemals Anerkennung mit Kritik. Mitarbeiter würden dieses Verhalten als „Zuckerbrot-und-Peitsche-Methode“ ablehnen.

Lassen Sie die Anerkennung für sich sprechen und wirken!

Merkpunkt 9: Ihr Team reagiert auf Anerkennung mit einem Leistungsplus

Die Anerkennung einer Arbeitsgruppe ist dann erforderlich, wenn alle Gruppenmitglieder mehr oder weniger stark an einem Erfolg beteiligt waren. Es ist unbedeutend, ob der eine oder andere Mitarbeiter größeren Anteil an dem erfreulichen Ergebnis hat. Vielmehr gilt es, das Gruppenzusammengehörigkeitsgefühl durch Anerkennung zu stärken.

Erhebliche Unterschiede in der Leistung von Teams wurden in einer Untersuchung festgestellt: Teams, deren gute Leistungen regelmäßig anerkannt wurden, erzielten ein Leistungsplus von 15 bis 25 % gegenüber solchen Teams, die keine Anerkennung erhielten.

Mit verdienter Anerkennung bauen Sie die Stärken Ihrer Mitarbeiter aus. Mit überlegter Anerkennung verschaffen Sie Ihren Mitarbeitern Highlights im Berufsleben und sorgen für mehr Arbeitsfreude und ein verbessertes erfolgs- und leistungsorientiertes Arbeitsverhalten.

5. Feedback in Form von Beurteilungen

Wirft das Jahres-/Mitarbeitergespräch für Sie Probleme auf?
Seite 69

Worauf kommt es bei der Beurteilung „von unten nach oben" an?
Seite 73

Gelegentlich nutzen Vorgesetzte Beurteilungen als „Mittel zum Zweck“. So werden beispielsweise eigene Vorteile nach dem Motto „Eine Hand wäscht die andere“ angestrebt, unliebsame Mitarbeiter „weggelobt“ oder die Beurteilung als Disziplinierungsmaßnahme zweckentfremdet. Dieses manipulative Feedback akzeptieren wir keinesfalls, führt es doch zur Ablehnung von Beurteilungen in Bausch und Bogen. Vielmehr bemühen wir uns sowohl als Beurteiler als auch als Beurteilter um ein fundiertes und ausgewogenes Feedback.

5.1 Das Jahres-/Mitarbeitergespräch

Zu dem verstärkt in Deutschland praktizierten Management by Objectives (MbO) gehört die turnusmäßige, systematische und strukturierte Beurteilung der Mitarbeiter als Instrument der Führung und Personalentwicklung. Die Bewertung der Beurteilungskriterien wird im Rahmen eines Jahres-/Mitarbeitergesprächs erörtert, das als Barriere gegen Missbrauch dient und Beurteilungen nach Gutsherrenart vermeiden hilft. In diesem Gespräch wird ein wechselseitiges Feedback angestrebt:

Feedback für den Mitarbeiter
Der Vorgesetzte zeigt dem Mitarbeiter auf, wie seine Kenntnisse, Fertigkeiten und Eigenschaften gesehen werden und ob er den Anforderungen und Leistungserwartungen seines Arbeitsplatzes gerecht wird. Damit wird dem Mitarbeiter eine offizielle und transparente

Zusammenfassung der während des Beurteilungszeitraumes gegebenen Anerkennung und Kritik vermittelt. Dieses Gespräch verliert den Charakter eines Schreckgespenstes, wenn Sie dem Mitarbeiter bei der täglichen Zusammenarbeit stets Feedback geben.

In der Praxis hat es sich als günstig erwiesen, die Beurteilungsmerkmale nicht in der im Gesprächsprotokoll vorgegebenen Reihenfolge zu erörtern. Stellen Sie zunächst gute Bewertungen und erzielte Verbesserungen in den Vordergrund. Zu beanstandende Leistungen oder Verhaltensweisen formulieren Sie anschließend in möglichst positiver Form.

Sie betrachten das Jahres-/Mitarbeitergespräch als Chefsache, die weit über die Routinekommunikation im Betrieb hinausgeht. Erkennen Ihre Mitarbeiter die Beurteilung ihrer Leistungen und ihrer Person nicht als Bedrohung, sondern als Hilfe, werden behindernde Ressentiments vermieden bzw. schnell ausgeräumt.

Feedback für den Vorgesetzten

Während der Eröffnung seiner Beurteilung kann der Mitarbeiter sein Feedback über das Verhalten seines Vorgesetzten darlegen. Schließlich wirkt der Vorgesetzte mit seinem Führungsverhalten ständig auf Leistung und Verhalten seines Mitarbeiters ein. Der Mitarbeiter wird einiges zum erlebten Führungsverhalten seines Vorgesetzten sagen können, zu den Auswirkungen dieses Verhaltens auf sich selbst sowie zu wünschenswerten Änderungen im Führungsverhalten seines Vorgesetzten.

Wie sollten Sie als Feedbackempfänger reagieren? Hierzu einige Empfehlungen:

- Erhalten Sie Feedback, versuchen Sie nicht gleich, sich zu verteidigen oder die Sache klarzustellen. Erkennt der Mitarbeiter Ihren Widerstand, wird er Ihnen künftig kein Feedback mehr geben.
- Seien Sie froh, dass Ihnen Ihr Mitarbeiter das Problem erzählt, das er mit Ihnen hat – selbst wenn Ihnen die Botschaft im ersten Moment nicht gefällt. Mit dem Feedback wird Ihr „Blinder Fleck“ verkleinert. Möglicherweise ändern Sie nun Ihr Verhalten, womit manchen Konflikten die Basis entzogen wird. Formulierungen wie
    - „Danke für diese Information, die mir jetzt Ihre Reaktion in einem ganz anderen Licht erscheinen lässt.“
    - „Diese Information hat es in sich. Danke für Ihre Offenheit. Darüber muss ich erst einmal eine Nacht schlafen.“
    - „Das höre ich zum wiederholten Mal, das kommt für mich nicht überraschend. Offensichtlich fällt mir die Trennung von lieb gewonnenen Fehlern schwer.“

  ermutigen den Mitarbeiter, Ihnen auch künftig Feedback zu geben.
- Versuchen Sie zunächst, ruhig zuzuhören, den Mitarbeiter nicht zu unterbrechen und zu prüfen, ob Sie auch richtig verstehen, was er meint.
- Wenn Ihnen nicht klar wird, was Ihr Mitarbeiter meint, fragen Sie nach.
- Gehen Sie davon aus, dass Ihr Mitarbeiter keine

objektive Sicht der Dinge hat und manche Aspekte unscharf sieht. Deshalb sind seine Eindrücke nicht falsch, sondern lediglich subjektiv und persönlich.

- Nicht jeder Mitarbeiter wartet mit einem treffend formulierten konstruktiven Feedback auf. Manchmal werden Feedbacks „im Eifer des Gefechts“ mit der Absicht gestartet, Sie an die Wand zu drängen. Lassen Sie sich durch Vorwürfe oder harsche Kritik nicht aus dem Gleichgewicht bringen. Spätestens nach Abklingen der „Kampfhandlungen“ sollten Sie den Vorfall analysieren, denn auch unter der „rauen Schale“ einer Attacke steckt hin und wieder ein für Sie bedeutsamer „wahrer Kern“.
- Betrachten Sie ein gegebenes qualifiziertes Feedback als Geschenk. Sie bestimmen, was mit dem Geschenk geschieht: Wegwerfen (= nicht akzeptieren), es erst einmal wegstellen (= in Ruhe darüber nachdenken, überprüfen) oder sich hierüber freuen (= Verhaltensänderung praktizieren).

Ob Ihre Mitarbeiter auch künftig durch ihr Feedback zur Aufhellung Ihres „Blinden Flecks“ beitragen, entscheiden Sie selbst. Erst wenn Ihr Verhalten bei der Entgegennahme von Feedback beim Feedbackgeber keinen unangenehmen Nachgeschmack erzeugt, werden Sie weitere unentgeltliche „Verbesserungsvorschläge“ erhalten.

5.2 Die Beurteilung von Vorgesetzten

Wenn Vorgesetzte ihre Mitarbeiter offiziell beurteilen, weshalb soll der gleiche Prozess nicht auch umgekehrt greifen? Tatsächlich sprechen die Mitarbeiter untereinander über das Führungsverhalten ihres Vorgesetzten und beurteilen ihren Chef mehr oder weniger heimlich. Allerdings kennt der Vorgesetzte diese Einschätzungen im Regelfall nicht, so dass der „Blinde Fleck“ nicht aufgehellt wird. Hierdurch sind Missverständnisse und Fehlinterpretationen an der Tagesordnung.

Von dieser Überlegung ausgehend, haben Unternehmen den Mitarbeitern durch eine Beurteilung „von unten nach oben“ – häufig auch als „Mitarbeiter-Feedback“ bezeichnet – die Möglichkeit eröffnet, sich offiziell über ihren Vorgesetzten im Hinblick auf Zusammenarbeit und Arbeitszufriedenheit zu äußern.

Für den Betrieb wirken sich die aus der Vorgesetztenbeurteilung gewonnenen Feedbacks allemal positiv aus, wenn hierdurch die Kommunikation und Zusammenarbeit zwischen Vorgesetzten und Mitarbeitern verbessert werden und damit eine Steigerung der betrieblichen Leistungsfähigkeit bewirkt wird.

Während bei der Beurteilung des Mitarbeiters durch den Vorgesetzten Leistung und Verhalten im Vordergrund stehen, sollen Mitarbeiter das Führungsverhalten ihres Vorgesetzten bewerten, nicht aber dessen Leistung und Fachkompetenz. Weshalb wird eine Einschätzung unterschiedlicher Bewertungsbereiche empfohlen?

Mitarbeiter sind Spezialisten, Vorgesetzte demgegenüber Universalisten oder Generalisten. Von Mitarbeitern wird ein in die Tiefe gehendes Detailwissen gefordert, von Vorgesetzten aber ein breit angelegtes Grundlagenwissen. Sollte der Mitarbeiter das fachliche Know-how seines Vorgesetzten bewerten, würde er hierbei sein Spezialistenwissen als Messlatte anlegen und damit einen falschen Maßstab benutzen. Auch wird er die tatsächlichen Leistungen seines Vorgesetzten nicht immer zutreffend beurteilen können, da sie für ihn bisweilen nicht einsehbar sind und sich auch mangels Informationen seiner objektiven Beurteilung entziehen.

Demgegenüber kann ein Mitarbeiter sehr wohl zu dem erlebten Führungsverhalten seines Vorgesetzten und der Wirkung dieses Verhaltens auf sich selbst Aussagen machen. Deshalb ist es nur folgerichtig, wenn in vielen firmenspezifischen Fragebögen diverse Fragen aufgeführt sind, die sich auf das Führungsverhalten des Vorgesetzten beziehen:

- Informationsverhalten des Vorgesetzten
- Gesprächsverhalten des Vorgesetzten
- Beteiligung der Mitarbeiter am Zielvereinbarungs- und Entscheidungsprozess
- Effektives Durchführen von Mitarbeiterbesprechungen
- Einbeziehen von Mitarbeitern in betriebliche Veränderungen
- Beratung, Förderung und Weiterbildung der Mitarbeiter
- Art der Konfliktregelung

- Grad der Unterstützung der Mitarbeiter in Problembereichen
- Art und Weise des Kontrollverhaltens
- Einsatz der Führungsmittel Anerkennung und Kritik
- Offenheit gegenüber Verbesserungsvorschlägen
- Realisierung des Delegationsprinzips

Es ist günstig, einem Unbeteiligten (z. B. Personalabteilung, externer Berater) die Auswertung der von den Mitarbeitern sorgfältig beantworteten Fragebögen zu übertragen. Er stellt dem Vorgesetzten das Ergebnis vor und moderiert anschließend ein gemeinsames Feedback-Gespräch, in dessen Verlauf Wünsche, Erwartungen, Vorschläge und Maßnahmen zum Verhalten des Vorgesetzten geäußert werden. Anschließend ergibt sich ein fruchtbarer Gedankenaustausch. Schließlich soll der Vorgesetzte ein Maximum an wichtigen Informationen erhalten, die ihm umsetzbare Hinweise für eine Verbesserung seines Führungsverhaltens liefern.

Beabsichtigt ein Unternehmen die Beurteilung der Vorgesetzten durch die Mitarbeiter, darf nur das Führungsverhalten der Vorgesetzten bewertet werden. Besonderes Augenmerk ist einer gezielten Auswertung der Beurteilungen zu schenken, wobei sicherzustellen ist, dass dem Mitarbeiter durch seine Äußerungen keinerlei Nachteile entstehen.

Lösung zur Übung auf Seite 12:

Nr. 1 =	fraglich	Von einer „Verweigerung" ist keine Rede. Möglicherweise wurde der Vorschlagstermin übersehen.
Nr. 2 =	fraglich	Evtl. erhielt der Mitarbeiter eine tarifliche Gehaltshöhung, für die kein Vorschlag erforderlich ist.
Nr. 3 =	fraglich	Woher wissen wir von seiner Verärgerung?
Nr. 4 =	fraglich	Vielleicht war ein verlockendes Angebot eines anderen Arbeitgebers oder eine geerbte Immobilie in einer anderen Gegend der Kündigungsgrund.
Nr. 5 =	falsch	Der Vorgesetzte hatte nichts vorgeschlagen!
Nr. 6 =	falsch	Der Mitarbeiter hat lediglich gekündigt, von Weggang ist nichts gesagt.
Nr. 7 =	fraglich	Vielleicht wurde über das Abschiedsgeschenk diskutiert. Wir wissen nicht, ob das Vorgehen des Vorgesetzten überhaupt zur Sprache kam.
Nr. 8 =	fraglich	So kann es gewesen sein, muss aber nicht!
Nr. 9 =	fraglich	Denkbar ist, dass der Vorgesetzte an der Diskussion beteiligt war.
Nr. 10 =	fraglich	Beliebt war er, war er auch erfahren?
Nr. 11 =	falsch	Die Kündigung kam vom Mitarbeiter!
Nr. 12 =	falsch	Die Kollegen bedauerten die Kündigung. Vielleicht wussten sie nichts von der nicht vorgeschlagenen Gehaltserhöhung.
Nr. 13 =	richtig	Steht fast wörtlich im Text.

Lösung zum Test auf Seite 27:

Ihre Kompetenz zum Zuhören ist bei weniger als 50 Punkten unzureichend, kann bis zu 79 Punkten als durchschnittlich eingestuft werden und verdient bei einer höheren Punktzahl eine überdurchschnittliche Bewertung.

Weiterführende Literatur

- Birkenbihl, Vera: Kommunikationstraining. Augsburg: Weltbild 1994
- Deutscher Verein für öffentliche und private Fürsorge: Theorien menschlicher Interaktion und Kommunikation. Eigenverlag 1979
- Fengler, Jörg: Feedback geben. Weinheim/Basel: Beltz 1998
- Gehm, Theo: Kommunikation im Beruf. Weinheim/Basel: Beltz 1994
- Kratz, Hans-Jürgen: 30 Minuten für zielorientierte Mitarbeitergespräche. Offenbach: GABAL 2003
- Meier, Rolf: Richtig kritisieren. Regensburg: Fit for Business 1997
- Mucchielli, Roger: Das nicht-direktive Beratungsgespräch. Salzburg: Müller 1972
- Neuberger, Oswald: Miteinander arbeiten – miteinander reden. München 1981
- Schulz von Thun, Friedemann: Miteinander reden. Hamburg: Rowohlt 1981

Register